www.tredition.de

Umschlaggestaltung, Illustration: Marco Weiss

Verlag: tredition GmbH, Hamburg
ISBN: 978-3-8491-1943-0
Printed in Germany

Marco Weiss

Weltenklang

Des Glückes Weg

Es war an diesem, an diesem einen merkwürdigen Abend.

Langsam ging er die Treppe nach oben – der Duft, die Luft, das Gefühl – er konnte nicht definieren was anders war. Letztlich schritt er weiter voran, dieses Gefühl irgendwo zwischen Magengrube und Zwerchfell.

Den Schlüssel gedreht, die Tür offen. Er stand in der Wohnung, alles wie immer.

Nein, es war anders – er war allein.

Drei Monate war es nun her. Nach einigen Jahren in einer für alle glücklich scheinenden Beziehung war da dieser Tag, dieser Abend. Man hatte sich aneinander gewöhnt, man war da. Gemeinsamkeiten ja, aber wirklich gemeinsam? Irgendwie waren sie Partner aber wohl kein Paar mehr – nur sie erkannten es nicht.

Oder nur er.

Sie sprach von neuem Input und den Abenden in Unabhängigkeit, von Spaß und neuen Ideen. Er hörte es zwar, doch nicht mit dem Gedanken an etwas Neues. Nie hatte er das Gefühl von Einschränkung, Kontrolle oder Misstrauen – immer konnte jeder seiner Wege gehen und sie führten immer zueinander zurück. Doch noch am Abend, als allein er vor dem Fernseher saß, da war es anders. Er merkte es, es war nicht mehr diese Welt – er wusste nicht was, er wusste nicht warum – aber er spürte die fundamentale Veränderung in seinem Leben. Sie schlich sich ein und kam ganz langsam, aber immer bewusster in ihm hervor.

Er war ins Bett gegangen, wie schon oft. Doch kam sie nicht, nicht spät und auch nicht später – erst früh – und ohne Worte legte sie sich neben ihn.

Nein sie legte sich ab jetzt nicht mehr zu ihm, wie all die Nächte zu vor, jetzt lag sie nur noch neben ihm.

Die Sonne war schon aufgegangen.

Er wischte die Gedanken beiseite, Brötchen, Kaffee – Frühstück – wie immer. Nichts war wie immer.

Er stand in der Wohnung. Die Ruhe war immer noch neu, doch er fand sie zunächst gut. Langsam hatte er angefangen die Wohnung neu zu richten. Das Gemeinsame auszusortieren, abzuschließen mit dem was war und darauf zu warten, was da Neues auf ihn zukommen würde.

Das Telefon am anderen Ende des Flures läutete.

Die Gedanken kreisen wieder, zurück in jene Tage, die ein Ende brachten.

Er schlich über eine Wiese. Frisch das Grün, welches sich langsam über den Geruch durch die Nase in das Bildnis des Gehirnes grub. Hunde laufen auf und ab, Vögel – wenn man sie hören will. Ein Kind weint etwas entfernt, hört auf und schluchzt in den Armen seiner Mutter. Es ist Frühling.

Konrad reist durch seine Gedanken und weiß nicht wohin sie ihn führen könnten. Er springt in die Vergangenheit, zurück in die Zukunft und vorwärts ins Jetzt. Wege die er ging, scheinen verbaut. Verbaut schon bevor er sie ging, führten sie ihn doch ins Nichts. Doch es waren Wege die gegangen sind und auch an ihren Rändern standen Blumen.

Als Konrad durch die Strassen seiner kleinen Heimatstadt ging, fiel ihm auf, dass er Alles und Jeden in einem dumpfen schwarz weiß Ton erkannte. Zunächst hielt er das Ganze für die Folgen des letzten Abends. Suri, eine gute, völlig asexuelle Freundin und er hatten definitiv zu viel Wein getrunken. An die später konsumierten Wodkarunden erinnerten lediglich die Gläser am Morgen auf dem Küchentisch. Der daraus getrunkene Inhalt konnte nur per Geruchsprobe resümiert werden, das Erinnerungsvermögen hatte ihn nicht preisgeben wollen. Nun es schien als habe der Absturz nun eine schwarz, weiße Folge für Konrad. Das Telefon, dachte er und zog es aus der Tasche. Glücklicher Weiße war es ohnehin schwarz, so dass der Gewöhnungsprozess kurz Pause machen konnte. Er rief Suri an. Es klingelt achtmal zehnmal, aufgelegt. Naja, Suri wird noch schlafen, denkt sich Konrad und

geht in das nächste Kaffee. Latte Machiato –
auch der heut in Schwarz und Weiß.

Suri hatte Konrad über einen Freund ken-
nengelernt. Sie hatte ihn irgendwann im Net-
work angeschrieben. Man hatte sich ausge-
tauscht, immer mehr und immer öfter. Ir-
gendwann war man irgendwie im Bett gelan-
det. Darüber wurde nicht gesprochen. Konrad
und Suri, das war viel mehr als eine Bettge-
schichte. Suri verstand seine Gedanken ohne,
dass er sie auszusprechen brauchte. Ging es
ihm schlecht, war sie schon da und umge-
kehrt.

Doch heute erreichte er sie nicht. Nur Klin-
geln, kein Gespräch. Zwei Latte später, war
die Welt immer noch Schwarz und Weiß, er
entschied sich weiter zugehen und zu schauen
ob irgendwo etwas los sei.

Irgendwie konnte er aber Niemanden errei-
chen. Auch traf er weder Bekannte, erst recht
keine Freunde.

Es war merkwürdig – alles schwarz und weiß.

Er versuchte den Abend zu rekapitulieren. Wieder einmal hatten sie sich getroffen, er war zu Haus, angekommen in der leeren Wohnung – sie hatte angerufen. Wenig später saß er bei ihr. Sie saßen eigentlich immer bei ihr. Es fiel ihm erst jetzt so richtig auf, Suri hatte seine Wohnung bis dato nie betreten. Nie war sie hereingekommen, nie hatten sie an seinem Tisch gesessen oder in seiner Küche gekocht.

Wie auch gestern, so war es oft – sie rief an und er ging zu ihr.

Konrad lief weiter durch die Straßen seiner kleinen Stadt. Es fiel ihm auf, dass er keinen der Menschen dort zu kennen schien. Niemand aber auch wirklich Niemand war ihm vertraut. Kein Gesicht, keine Stimme er konnte nichts wiedererkennen. Er versuchte noch einmal Suri zu erreichen, aber niemand hörte – es blieb still am anderen Ende der Leitung.

Als Konrad bei Suri klingelte, öffnete sie die Haustür über die Gegensprechanlage. Wie immer ging er die Treppen hinauf und schritt durch die angelehnte Tür. Suri sah gut aus, ihre braunen halblangen Haare passten in ihr kleines, zartes Gesicht. Sie war nicht sonderlich groß, aber klein war sie eben auch nicht. Suri hatte nur Kurzbeziehungen hinter sich gebracht, Konrad die große lange Kiste ordentlich in den Sand gesetzt. Letztlich verbannt beide, dass sie eben nichts verbannt. Außenstehende verstanden nicht was da war und weder Suri noch Konrad kommentierten diesen Zustand je. Oft fühlte sich Konrad allein und nur Suri schien ihn so richtig zu verstehen, zumindest kam ihm das so vor.

Als seine Beziehung in die Brüche ging hatte er sich zunächst zurückgezogen. Seine Welt wurde kleiner, dunkler, die Gedanken engten sich ein. Suri hatte es geschafft dies wieder aufzuhellen. Doch kamen die dunklen Phasen immer wieder. Er kannte sie, doch hatte er sie stets weggedrückt, war nie auf sie eingegangen. Erst als er Zeit für seine Gedanken hatte, konnten sie Macht von ihm ergreifen.

Als er nun gestern bei Suri ankam, stand das Essen auf dem Herd. Der Duft von Rosmarin erfüllte die kleine Wohnung. Konrad erzählte von seiner Arbeit, die er nicht wirklich mochte. Der Job war nicht schlecht, aber es blieb eben ein Job. Die Arbeitszeit war in

Ordnung und das Geld reichte um gut zu leben. Konrad hatte immer diesen leichten dumpfen Unterton in seinen Gedanken. Suri hatte dies erkannt und versucht ganz offensichtlich Konrad abzulenken. Sie sprachen über Musik, Bücher und alles Mögliche. Gestern erzählte sie von einem Film, irgendetwas Amerikanisches – Konrad stand nicht auf Filme. Genauer gesagt beschäftigte er sich mit Filmen schlicht gar nicht. Seine Welt war die Musik. Wo er ging und stand immer lief Musik – alle möglichen Richtungen.

Nun gestern erzählte Suri wie ein Wasserfall von diesem Film und dazu tranken sie Wein und aßen. Das Essen war leicht beeindruckt vom Geschmack des Rosmarins. Alles Andere verging darunter. Konrad ließ es sich nicht anmerken, schlecht war es ja trotzdem nicht. Irgendwann kamen sie wieder auf die alten Probleme zu sprechen und philosophierten herum, warum das Leben denn lief wie es lief. Letztlich waren sie doch Beide allein, allein gelassen und nicht doch nicht fähig allein zu sein. Konrad zuckte vor Nähe sofort zurück, ließ es nicht zu – nur Suri, Suri konnte ihn erreichen.

In den Monaten nach der Trennung hatte sich Konrad in Arbeit gestürzt, seine sozialen Kontakte radikal verändert. Er fühlte sich wohl, ohne je Glück zu spüren. Es war eine neue Welt und es schien als sei diese auch in Ordnung. Nur eines blieb.

Den Schlüssel gedreht, die Tür offen. Er stand in der Wohnung, alles wie immer.

Nein es war anders – er war allein.

Suri war aufgestanden, hatte die Küche aufgeräumt. Die leeren Wodkagläser deuteten noch auf das letzte Getränk. „Upps" dachte sie und lächelte leicht, als sie die Gläser in die kleine Spülmaschine stellte. Suri hatte bereits nach kurzer Zeit, als sie Konrad kennenlernte, das Gefühl, dass er besonders sei. Warum wusste sie nicht, sie passten so rein gar nicht zueinander. Ob sie je wirklich mehr wollte, wusste sie nicht, aber es hatte sich auch völlig anders entwickelt. Immer wieder waren die Beiden zusammen und schritten gemeinsam ihr Leben ab. Immer wieder grübelten, lachten und weinten sie zusammen. Und oft auch nur per digitaler Kommunikation. Suri hatte inzwischen fast alle anderen Kontakte verloren. Ihre Gedanken waren bei Konrad, sie konnte dies nicht verstehen oder einordnen und gerade dies ließ sie traurig werden. Wusste sie doch, dass es da nie mehr geben würde. Sie selbst wollte auch nicht mehr. Aber das was war, ohne das ging es auch nicht mehr.

Sie hatte diesen tollen Film gesehen und musste Konrad davon erzählen. Am Besten beim Essen. Sie rief ihn an und kurze zeit später war er da. Er stand in der Tür und lächelte. Dreimal hatte sie den Film gesehen und sprach von der Faszination einer Szene und von der tollen Musik. Sie wusste Konrad interessierte sich nicht für Filme, aber sie schätzte, dass er ihr das nie deutlich zeigen würde. Er zeigte Interesse, wenn auch nur kurz, er tat es ihr zu Liebe. Sie hatten philosophiert, wie so oft. Konrad sprach fiel über das Ende des Weges und das es einen Zeitpunkt geben müsse, an dem man entscheidet allein weiterzugehen. Suri machte das oft Angst, aber gestern war sie zu gut gelaunt.

An diesem Morgen frühstückte sie und schmiss den Rechner an. Leicht irritiert registrierte sie, dass Konrad nicht im Netzwerk war. Sie waren Beide immer dort. Begrüßten sich und den Tag und kommunizierten immer mal wieder und kurz. Heute nicht – Konrad war nicht im Netzwerk und er rief auch nicht an.

Suri frühstückte in Ruhe in der Sonne auf dem Balkon. Die Vögel zwitscherten an diesem schönen Frühlingsmorgen, und die Farben schienen noch Bunter als zuvor.

Gegen Mittag – das Telefon.

Suri muss sitzen.

Plötzlich ist alles leer.

Er ist allein den Weg zu Ende gegangen – und sie erkennt, so sehr sie da war, war Konrad doch allein.

Sie hatte ihn verloren...

Weltenklang

Der Weltenklang,
ist dunkel schwarz.

Der Untergang
bestimmt mein Herz.
Das Bunt ist Schwarz,
die Sonne grau.

Hoffnung auf Zukunft
Macht den Himmel blau.

Colourblind

Das Schwarz, an Varianten reich,
es schimmert in der Sonne Licht,
das Schwarz an Varianten reich,
nur Farben, Farben seh ich nicht.

Der Weltengang nun Trauer trägt,
nach Frohsinn mir der Sinn nicht steht.
Es kommt und geht im Zeitengang,
doch ward genommen viel,
bin ohne Tatendrang.

Das Schwarz, an Varianten reich,
es schimmert in der Sonne Licht,
das Schwarz an Varianten reich,
nur Farben, Farben seh ich nicht.

Seelendunkel

Ist´s nimmer hell,
der Schmerz so stark.
Seelendunkel
Wird ewig dunkel sein im Herz,
denn dort wohnt nun der Seele Schmerz.
Seelendunkel
Die Sonne scheint auf Andre´ nieder,
doch kommt der Tag,
dann bin ICH wieder

Seelendunkel

Der ewige Lauf

Es ist der Dinge ewig Lauf,

bist Du unten

geht´s wieder rauf.

Doch siehst Du Dich auf Glückes Haupt

geht es nach Unten – fast schneller

als erlaubt.

Das was folgt,

kann tiefer niemals,

doch auch das Letzte durchaus sein.

Doch kommt das Licht,

und zieht Dich rauf,

dann schau nach vorn,

fang noch mal an den ewig Lauf.

Weg

Weg ganz ohne Wiederkehr,

doch kann Der Weg es sein,

zum Sein danach und nicht mehr leer.

Es ist der letzte Weg zum Licht,

nachdem die Seel am Sein zerbricht.

Einsam lebte ich dahin,

bis ging nun diesen Weg dahin.

Zerbrochen an de Lebens Leid,

bin ich zum einen Weg bereit.

Die Seele klein,

im Dunkel eingehüllt,

hat seinen Sinn der Weg erfüllt,

errettet in des Gottes Reich,

und sei es nun in Bildern gleich.

Schicksal

Lebens einfach Los,

bringt Dinge die Du brauchst,

und macht von Dir sie wieder los.

Es kommt Dir vor wie eine Lotterie,

denn manche Dinge kommen nie.

Doch sind sie da,

halt nicht dran fest,

leb den Moment,

Er sei des Lebens Rest.

Anni

Wenn Du fällst
Dann fang ich Dich.
Wenn Du liegst,
dann halt ich Dich,
Wenn Du träumst,
Träum ich mit Dir.

Du mein Traum – ich bin bei Dir.

Du

Du schenkst mir Zeit und Ohr
Rufst Sonne ach in mir hervor.
Du schaust in meine Seele rein,
Du lässt mich wieder selber sein,
Du kannst die Sonn im Regen sehen,
Du kannst mit mir auf Wolken gehen,
Du sollst durch Mich dein Leid vergessen,
Dir gleich will ich das Glück bemessen.

Du sollst mit mir ganz glücklich sein,
nie mehr leer
nie mehr allein.

Zu Dir

Die Augen öffnen sanft den Blick,
der Sinn geht ach zu Dir zurück,
die Zeit die ohne Dich verbracht,
hat wohl der Überfluss gemacht.

Nicht´s braucht es,
außer Dich,
Nicht´s braucht es,
Außer Dich für Mich.

Gedanke an Dich

Das Licht der Welten klarer Sinn,
Empfänger Deines Licht´s ich bin.

Ganz klein auf Erden steh ich da,

Gedanke an Dich
Wunderbar

Ich will

Ich will,
zum Wege, den ich ging mit Dir,
ich will,
zum Moment den Du schenktest mir,
zurück zum Wege wo wir abgebogen,
um den Moment noch mal zu loben.

Ob Berg,
Ob Tal,
Kraft für Alles kommt von Dir.

Der Welten ewiger Kampf allein,
soll nicht mehr nur der Deine sein.

Der Sinn

Der Liebe Sinn,
entgeht dem Leben,
will Allen gleich,
man Gleiches geben.

Sortiere gut,
welch Freund Du bist,
gemerkt wird´s erst,
wenn´s Dunkel ist.

Der Fall

Der Welten Arm entlässt Dich nun,
der freie Fall,
Nichts ist zu tun.
Die Arme die mich fingen auf,
sie sind gegangen,
so ward der Lauf.

Der Aufschlag hart,
der Seelen Wunde groß,
es fehlet ach,
der pflegend Schoß.

Dunkel und Hell

Es war der Eine,

es war der bestimmte Moment.

Er macht dunkel was hell,

er macht schwarz was bunt, schwach was
stark.

Das Bunte wird schwarz

Und das Glück vergeht.

Es war der Eine,

es war der bestimmte Moment.

Erwachen

Die Augen öffnend,
Blick wird frei.
Die Herzen lachend,
ohne Gedanken.
Die Welt erwacht.
Aus dunkler Nacht,
und keiner weiß,
was Tag´s gebracht.

Ich seh den Tag,
er grüßet froh das Sonnenlicht,
durch das Ende seines Ich.

Ewigkeit

Fern ist Glück,

fern es ist ,

und kommt wohl nie zurück.

Das Trübsal ist all Gegenwart

Und hat sich wohl in mich vernarrt.

Das Dunkel ist des Tages Reiz,

die Nacht,

der Tag,

Dunkel – es auf ewig bleibt.

Das Gegenstück

Gebrochene Seele sieht sich um,
kann nicht sehen
und ist stumm.

Wenn trifft sie auf das Gegenstück,
so bleiben Beide,
ach gebrochen doch zurück.

Flucht

Der Sinn im Geist nach Flucht mir steht,

Einsamkeit in meinem Herzen lebt.

Seele klein,

so klein gemacht,

hat den Tag allein verbracht.

Der Sinn im Geist nach Flucht mir steht.

Tanze nur allein im Traum,

bewegen, leben – kaum.

Der Sinn im Geist nach Flucht mir steht.

Klopfen

Klopft das Glück an Deine Tür,
denk nicht nach,
sag rein mit Dir.

Die Sonne in dein Leben rückt,
die Seele leicht berührt,
doch arg beglückt.

Schau in des Glückes Augen zart,
dies wohl auf mich gewartet hat.

Loblied

Der Himmel bricht auf,

Du schaust nach oben,

beginnst sogleich den Herrn zu loben.

Doch dann erkennst Du Menschenkind,

das mit dem Anfang,

nur das End beginnt.

Vereist

Der Sonne Strahl,
trifft, lang gereist,
auf Deine Seele,
ward vereist.

Sie kurz erwacht,
im Sonnelicht.

Seele hat an Glück gedacht,
doch Sonn ist weg
und Seel zerbricht.

Glück

Es kommt durch Eis und Schattenwelt,
das Glück, das deine Seel erhellt.

Muss brechen durch die harte Krust,
gebildet von der Kält,
die vorher Herrschen musst.

Es ist des Glückes größter Schein,
das es bricht durch Eis und Stein.
Nur Ewig,
ewig kann es auch nicht sein.

Blüten

Der Blüte Glanz,

kaum aufgebrochen schon vergangen.

Der Anblick schön,

er nimmt Dich kurz gefangen.

Die Welt vergessen,

ohne Zeit und Raum.

Die Blüte vergangen, kaum bemerkt,

wie schnell zu Ende war der Traum.

Er ging

Er ging,

doch ward er lang schon weg.

Er ging,

ohne Merken eines Andern.

Er ging,

doch ward er lang schon weg.

Er ging,

sah sich doch nur hadern.

Er ging,

doch ward er lang schon weg.

Er ging,

von Zeit und Raum fast unbemerkt.

Er ging,

doch ward er lang schon weg.

Er ging,

den Weg zu gehn unmöglich umgekehrt.

Er ging,

doch ward er lang schon weg.

Einsam

Einsam

Lieg im Walde ich.

Einsam

Einfach ohne Dich.

Einsam

Und doch nicht allein.

Einsam

Will ich auf ewig bei Dir sein.

Liebe und Schmerz

Wenn Liebe trifft,

Dich in Dein Herz.

Dann sei gewiss,

auch involviert ist ach der Schmerz.

Das Glück es lacht,

nicht lang genug.

Das Glück es lacht,

doch scheint's Betrug.

Trauer

Wenn Trauer
Kreist mein Herz stets ein,
Gedanken an Dich,
soll`n Gottes Rettung sein.
Der Weg auf ewig trägt Dein Ich,
Dein Antlitz,
Dein Lächeln,
begleitet mich.

Du gibst den Mut mir ach zurück,
zu suchen nach dem Weg zum Glück.

Seelendrang

Wenn Regen tropft,

die Sonn versteckt.

Wenn regen tropft,

die Seele streckt.

Sie streckt sich leise nach dem Licht,

Allein erreichen,

erreichen kann sie`s nicht.

Der Liebe Weg

Der Schmerz der Seele tausendfach,
gefühlt, gedacht, gelebt, entfacht.
Die Gegenwart der Liebe zeigt,
die Seele war noch nicht bereit.

Doch nicht bereit,
den Schritt gewagt.
Von Seeles Zweifel ach geplagt.

Am Ende aber Licht nun steht.
Wenn ach doch nur der Liebe Weg,
die Seele geht.

Wahrheit

Es ist der Wahrheit letzter Sinn,
der letzte Sinn in dem ich bin.

Doch bin ich Dein,
Dein ganz allein,
dann kann nur Eines sicher sein.

Du bist der Wahrheit letzter Sinn,
Du bist der letzte Sinn,
indem ich bin.

Nacht

Die Sonne geht,
am Tages End,
es kratzt die Nacht,
der Regen rennt.

Der Seelen Ruh,
ist nun gefunden.

Es bleibt das herz,
an Dich gebunden.

ER

Er führt Dich,

durch den schwarzen Sturm,

verlässt Dich nicht,

scheint Alles auch verloren.

Vertraust Du IHM in Dunkelheit,

wirst bald auch Du durch IHN befreit.

Glaube

Wenn Wolken vor der Sonne Glück,

dann glaube fest,

sie gehen zurück.

Wenn Seele still im Schatten ruht,

der Glaube stark,

doch schwach der Mut.

Dann nimm an

Die Hand des Herrn,

glaube fest,

ER führt Dich gern.

Hoffnung

Hoffnung scheint,
wenn er sie will,
Hoffnung stirbt,
wenn Glauben still,

Der Hoffnung Nahrung,
Glaube sei,
drum vertrau dem Glauben,
fest, standhaft, treu.

Mahnung an das Wort

Schmaler Welten,
fader Glanz,
öffnet Gott dein Herz,
erreicht der Hoffnung Farbentanz.

Das Wort Geleit des Leidensweg,
nach Erlösung Herzens Wille strebt.

Doch ist vorbei der Leidensweg,
vergiß das Wort des Herr´n nicht,
nur weil´s scheint bessergeht.

Engel´s Hand

Der Seele Glanz,
in fahler Welt,
des Engels Hand berührt die Seel
und sie erhellt.

Wenn Hoffnung durch des Engel´s Hand,
dann hat die Seel den Weg erkannt.

Gefallen

Gefallen

für den einen Punkt.

Gefallen

das schlichte Leben war der Grund.

Im Dunkel war das Fallen leicht,

das Aufstehen, des Heben´s eines Felsen´s gleich.

Doch als Ich stand,

von ganz allein,

sollt da ein Licht am Ende sein.

Neuer Weg

Als ich ging so ganz allein,

merkte kaum,

ich musst nicht Einsam sein.

Allein man niemals seien kann,

denn sah ich Dich,

der Weg jetzt neue Form bekam.

Wenn Glaube jetzt die Nacht erhellt,

der neue Weg,

er mir gefällt.

Was ER gab

ER gab mir Licht in dunkler Nacht,
ER Hat Hoffnung aus Nichts gemacht.
ER brach die Ruhe
Gab das Wort.
ER gab die Wärme,
an so kaltem Ort.

Ich fand zu IHM in der Not,
nun bleib ich hier,
geht´s besser als nur gut.

Versuche

Versuch zu höre Gottes Wort,

er spricht zu Dir an jedem Ort.

Zu verstehen was er sagt,

oft ist es schwer,

doch wenn´s gelingt,

so gibt´s nicht viel – sonder noch mehr.

Du brauchst nicht aller Welten Glück,

der Herr führt Dich,

so fand aus Dunkelheit ich nun zurück.

Herbst und Frühling

Die Blätter fielen wie Staub von den Ästen. Längst war klar, dass der Sommer seine Fröhlichkeit verloren hatte und des die nächsten Tage und Wochen nur ein Grau in verschiedenen Stufen entfalten würden. Doch auch das Grau sah bunt aus, wenn es betrachtet wurde. Die Frage war doch nur der Winkel des Betrachters. Wenn es so schön sein konnte, dann doch nur weil es in der Schöpfung so erdacht wurde.

Die Blätter die einst voll mit Leben und voller Tatendrang, hängen jetzt welk und matt an ihrem alten Ort und warten nur auf ihren letzten Weg. Es war schwer dorthin zukommen. Sie mussten durch die Knospe nach draußen Wachsen, jegliche Nahrungssuche großer und kleiner Tiere und Insekten überstehen und alle möglichen Luftveränderungen über sich ergehen lassen. Und doch waren sie angekommen, im Herbst.

Zufrieden warten sie nun auf den finalen Windzug, der sie dem Baum entreißt und sanft auf die Erde begleitet. Dort wo sie anschließend zur Basis des neuen Lebens erwachen.

Er hatte sie gesehen und er war glücklich, sie gesehen zu haben.

Der Moment war kurz, wenn er auf das Leben projiziert wurde und doch waren es schöne, Kraft gebende Wochen. Nähe hatte er gespürt, Nähe die seit langem vermisst, Nähe die er vorher und nachher nicht mehr zulassen konnte.

Er wollte Leben – nicht immer und nicht in jedem Moment.

Viele Dinge die er liebte waren bedeutungslos geworden, vieles was geschah sah er leicht und in einem Licht, welches ohnehin keiner Verstand, der nicht in seiner Situation war.

Seine Situation – machte sie sein Denken so anders?!

Er war fröhlich und unbeschwert. Was er anpackte gelang und was gelingen sollte, kam auch so. Erfolgreich in allen Bereichen, beruflich und privat – er lebte – so dachte er.

Doch immer mehr lebte er das seine, das eigene Leben warum weiß er bis heute nicht. Er glaubte, ohne dies je zu artikulieren, an bestimmte Dinge wie Vorsehung und Zeichen und wollte diese doch nie sehen.

Er war glücklich, glücklich bis in den Herbst.

Er betrat den Raum und setzte sich auf den Stuhl vor den Schreibtisch. Draußen fielen die ersten Blätter, der Sommer fing an das Jahr zu verlassen.

Sein Gegenüber blickte ernst, zu ernst für sein Verständnis.

Die Worte die sein Gegenüber sprach schienen weit entfernt. Der Anfang war ok.

Der Arzt sprach von Abklären und der Lösung die es immer gibt, doch kam es ihm so vor, als würde er immer weiter im Nebel sprechen. Er wollte es irgendwie nicht hören, jedoch musste er es wahrnehmen. Draußen fielen die Blätter und Drinnen begann sein Herbst, sein ganz privater Herbst.

Er ging wie in Trance zurück. Langsam fast unbemerkt, das die Welt um ihn die gleiche war, wie vor wenigen Stunden. Und doch war sie so anders, so fundmental anders.

Was wichtig war, bis eben, war jetzt unwichtig, was schwer, war leicht und was vor einer Stunde noch leicht, war jetzt schwer. Plötzlich war er ohne Alles was bisher wichtig schien.

Nur kurze Zeit später war er allein. Er hatte sich von seinem alten Leben verabschiedet, der Anfang wollte gelingen, doch er verlief gerade zu durch eine Steinwüste. Hart und Trocken. Die Erkenntnis der Veränderung, die man nicht beeinflussen kann, die man zunächst leugnet, vor allem vor sich selbst, ist hart und sie ist nicht umkehrbar, radikal und einnehmend.

Er dachte über alles nach, auch über ein Ende. Er dachte nach, ersann Wege und wischte sie wieder weg. Er war am Ende und doch am Anfang.

Leise schlich er über den Flur, blieb kurz stehen. Warum war er leise? Er war Allein – verdammt er musste nicht leise sein. Anschließend drehte er die Musik auf, machte Lärm für zwanzig, und dachte warum – er war allein. Nichts war mehr wie es sein sollte. Lange dachte er über das warum nach über die Frage der Frage – den Sinn in all dem.

Wenn es den ein Ende gäbe, dachte er, warum begann es so früh und schien ein so langes zu werden. Waren seine Wege die er ging bisher so falsch, dass er jetzt eine so radikale Abkehr vollziehen musste. Er musste den neuen Weg finden, ihn quasi selbst ins Leben schlagen und er versuchte ihn zu gehen. Er versuchte immer noch zu verstehen und der, der da am Schreibtisch gegenüber gesessen hatte versuchte immer noch Hoffnung zu vermitteln. Aber was hieß das schon. Sein gegenüber kannte alle Möglichkeiten der Medizin, aber den Geist – den Geist konnte er nicht sehen. Er konnte nicht Vermitteln, warum und wo der Sinn lag. Nein das können sie nicht, diese die da Gegenüber sitzen.

Den Weg der er zu gehen hatte musste er allein finden. Allein, naja ganz allein nicht. Da waren Freunde und diese waren immer da. Aber letztlich musst Du selbst die Schritte gehen, auch wenn sie gestützt werden. Letztlich musst Du selbst den Weg finden, auch wenn man dir beim Suchen helfen kann. Entscheidend bleibt der Wille, den Weg zu gehen und auch nur dann kann man Dir helfen. Das letztere, die Hilfe, ja die hatte er und doch wollte und konnte er sie nur ausgewählt annehmen. Nie hatte er sich Anderen so geöffnet, dass diese ihn ganz sehen konnten. Stets war er bemüht, dass man sah, was er wollte das man sehen durfte. Nur wenige lies er alles sehen und nur einmal gelang es, das Jemand ohne zu Fragen sofort zu ihm durchdrang. Einfach so.

Es hatte ihn verwirrt, völlig raus gerissen. Denn aller Schutz war dahin, nicht mehr da – er fühlte sich nah und doch war er fern – er kam heran und kam es doch nie ganz. Er hatte versucht es zu verstehen, aber er verstand irgendwann nur Eines. Darauf gab es nie eine wirkliche Chance. Das was sie selbst sah und war, das war es was sie so nahe brachte und gleichzeitig war es das was sie Beide für sich waren, das was sie so weit entfernte. So verließen sie sich und doch blieben sie da, irgendwie da.

Das Leben ist nicht immer das goldene Zeitalter, es kennt alle Seiten, alle Jahreszeiten – aber es kennt die Abfolge nicht. Auf Frühling kann sofort der Winter folgen und doch gleich wieder Sommer sein. Nichts muss sein wies sein muss und doch ergibt alles irgendwann einen Sinn.

Er suchte etwas nach dem Sinn in all Dem und erkannte das er anfangen musste weiter zugehen. Und als er sah, sah er aus dem Fenster und dort kamen gerade die ersten Blätter an den Ästen hervor. Voller kraft und Freude.

Es war Frühling, kurz nach dem Herbst.

Über tredition

Der tredition Verlag wurde 2006 in Hamburg gegründet. Seitdem hat tredition Hunderte von Büchern veröffentlicht. Autoren können in wenigen leichten Schritten print-Books, e-Books und audio-Books publizieren. Der Verlag hat das Ziel, die beste und fairste Veröffentlichungsmöglichkeit für Autoren zu bieten.

tredition wurde mit der Erkenntnis gegründet, dass nur etwa jedes 200. bei Verlagen eingereichte Manuskript veröffentlicht wird. Dabei hat jedes Buch seinen Markt, also seine Leser. tredition sorgt dafür, dass für jedes Buch die Leserschaft auch erreicht wird

Autoren können das einzigartige Literatur-Netzwerk von tredition nutzen. Hier bieten zahlreiche Literatur-Partner (das sind Lektoren, Übersetzer, Hörbuchsprecher und Illustratoren) ihre Dienstleistung an, um Manuskripte zu verbessern oder die Vielfalt zu erhöhen. Autoren vereinbaren unabhängig von tredition mit Literatur-Partnern die Konditionen ihrer Zusammenarbeit und können gemeinsam am Erfolg des Buches partizipieren.

Das gesamte Verlagsprogramm von tredition ist bei allen stationären Buchhandlungen und Online-Buchhändlern wie z. B. Amazon erhältlich. e-Books stehen bei den führenden Online-Portalen (z. B. iBookstore von Apple) zum Verkauf.

Seit 2009 bietet tredition sein Verlagskonzept auch als sogenanntes "White-Label" an. Das bedeutet, dass andere Personen oder Institutionen risikofrei und unkompliziert selbst zum Herausgeber von Büchern und Buchreihen unter eigener Marke werden können.

Mittlerweile zählen zahlreiche renommierte Unternehmen, Zeitschriften-, Zeitungs- und Buchverlage, Universitäten, Forschungseinrichtungen, Unternehmensberatungen zu den Kunden von tredition. Unter www.tredition-corporate.de bietet tredition vielfältige weitere Verlagsleistungen speziell für Geschäftskunden an.

tredition wurde mit mehreren Innovationspreisen ausgezeichnet, u. a. Webfuture Award und Innovationspreis der Buch-Digitale.

tredition ist Mitglied im Börsenverein des Deutschen Buchhandels.